Impressum
Verlag: BABADADA GmbH, Nedderfeld 112 , 22529 Hamburg
Geschäftsführer / Verlagsleitung: Harald Hof
Druck: Books on Demand GmbH, In de Tarpen 42, 22848 Norderstedt

Imprint
Publisher: BABADADA GmbH, Nedderfeld 112 , 22529 Hamburg, Germany
Managing Director / Publishing direction: Harald Hof
Print: Books on Demand GmbH, In de Tarpen 42, 22848 Norderstedt

école

School

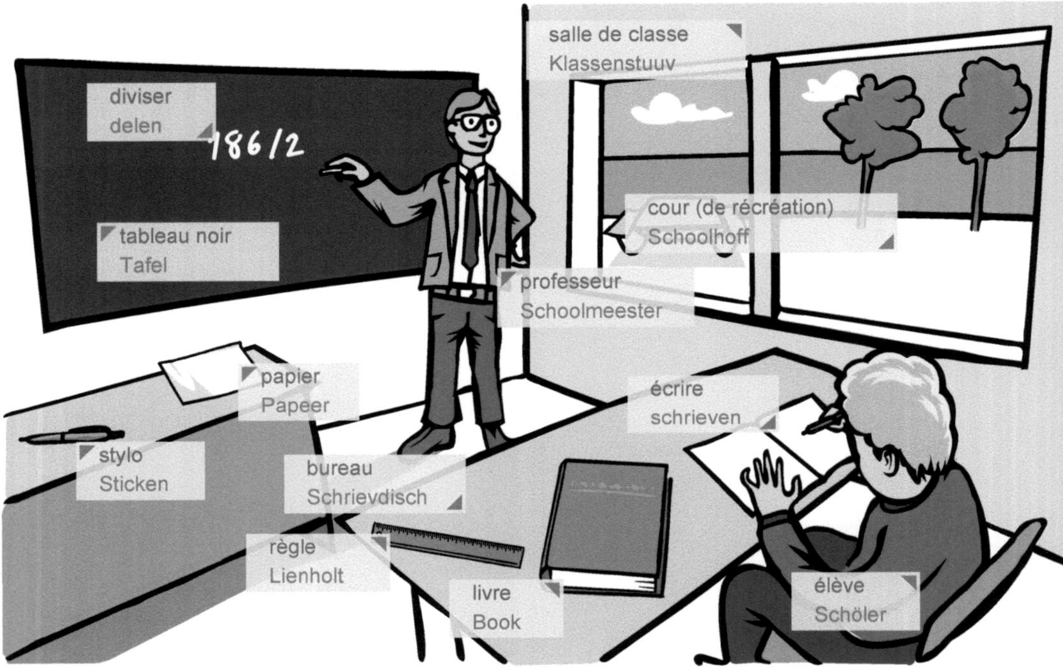

salle de classe
Klassenstuuv
diviser
delen
186/2
tableau noir
Tafel
cour (de récréation)
Schoolhoff
professeur
Schoolmeester
papier
Papeer
écrire
schrieven
stylo
Sticken
bureau
Schrievdisch
règle
Lienholt
livre
Book
élève
Schöler

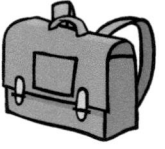

cartable

Ranzel

trousse

Feddermapp

crayon

Bleesticken

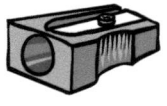

taille-crayon

Scharpmaker

gomme

Radeergummi

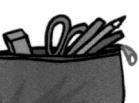

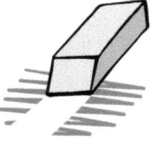

carnet à dessin

Tekenblock

dessin

Teken

pinceau

Pinsel

boîte de peinture

Malkassen

ciseaux

Scheer

colle

Klever

cahier d'exercices

Heft to'n Öven

devoirs

Huusopgaav

chiffre

Tall

additionner

tohooptellen

soustraire

aftrecken

multiplier

malnehmen

calculer

reken

lettre

Bookstaav

alphabet

ABC

mot

Woort

texte

Text

lire

lesen

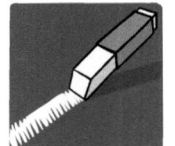

craie

Kried

leçon

Stunn

livre de classe

Klassenbook

examen

Pröven

certificat

Tüügnis

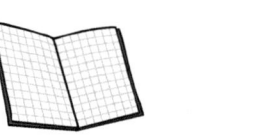

uniforme scolaire

Schooluniform

formation

Utbillen

lexique

Nakieksel

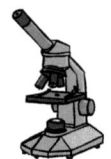

université

Universität

microscope

Mikroskop

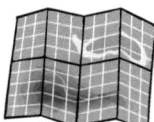

carte

Koort

corbeille à papier

Papeerkorf

voyage
Törn

hôtel
Hotel
Grand
auberge
Harbarg
ROOMS
CHANGE
bureau de charge
Wesselstuuv
valise
Kuffer
voiture
Auto

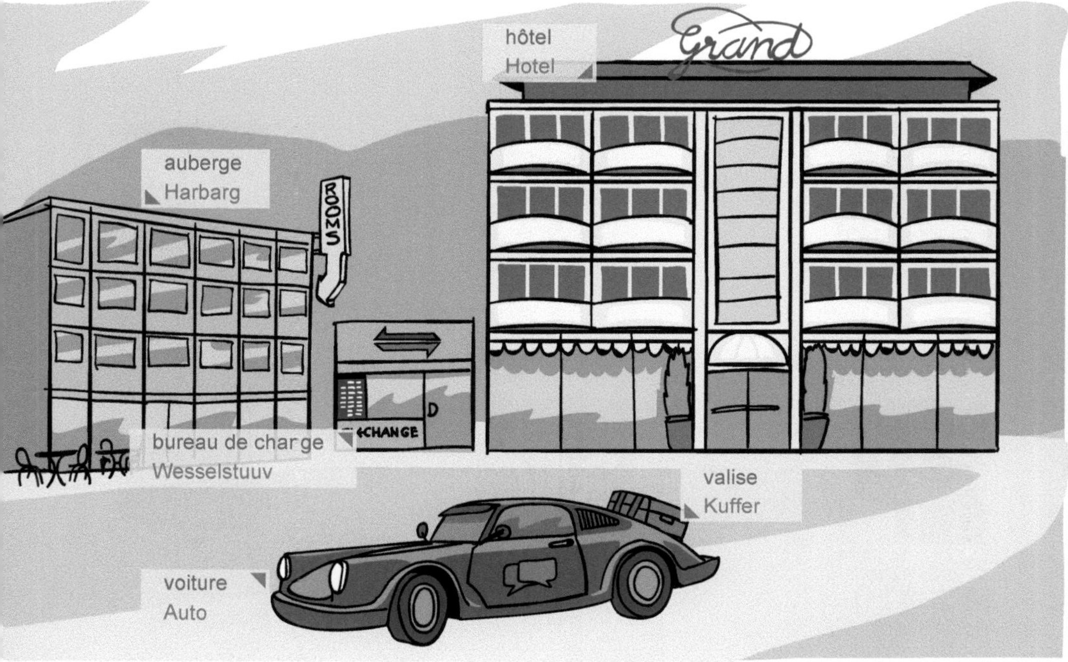

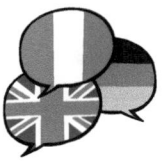

langue
Spraak

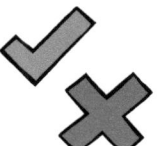

oui / non
jo / ne

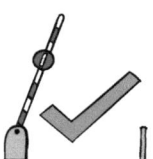

d'accord
Jo

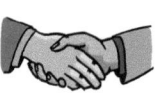

Salut
Moin

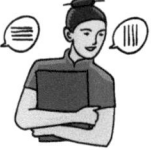

interprète
Översetter

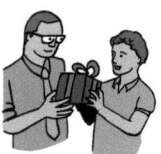

merci
Dank ok

Combien coûte...?

Wat kost...?

Je ne comprends pas

Ik verstah nich

problème

Problem

Bonsoir !

Goden Avend

Bonjour !

Moin!

Bonne nuit !

Gode Nacht!

Au revoir

Tschüüs

direction

Richt

bagages

Bagaasch

sac

Tasch

sac-à-dos

Rüchsack

hôte

Gast

pièce

Stuuv

sac de couchage

Slaapsack

tente

Telt

office de tourisme

Touristeninformatschoon

plage

Strand

carte de crédit

Kreditkoort

petit-déjeuner

Fröhstück

déjeuner

Meddageten

dîner

Avendeten

billet

Fohrkort

ascenseur

Fohrstohl

timbre

Breefmark

frontière

Grenz

douane

Toll

ambassade

Bottschop

visa

Visum

passeport

Pass

transport
Transport

avion
Fleger
navire
Schipp
véhicule de pompiers
Füerwehrauto
bus
Autobus
camion
Lastwagen
bateau à moteur
Motoorboot
voiture
Auto
bicyclette
Fohrrad

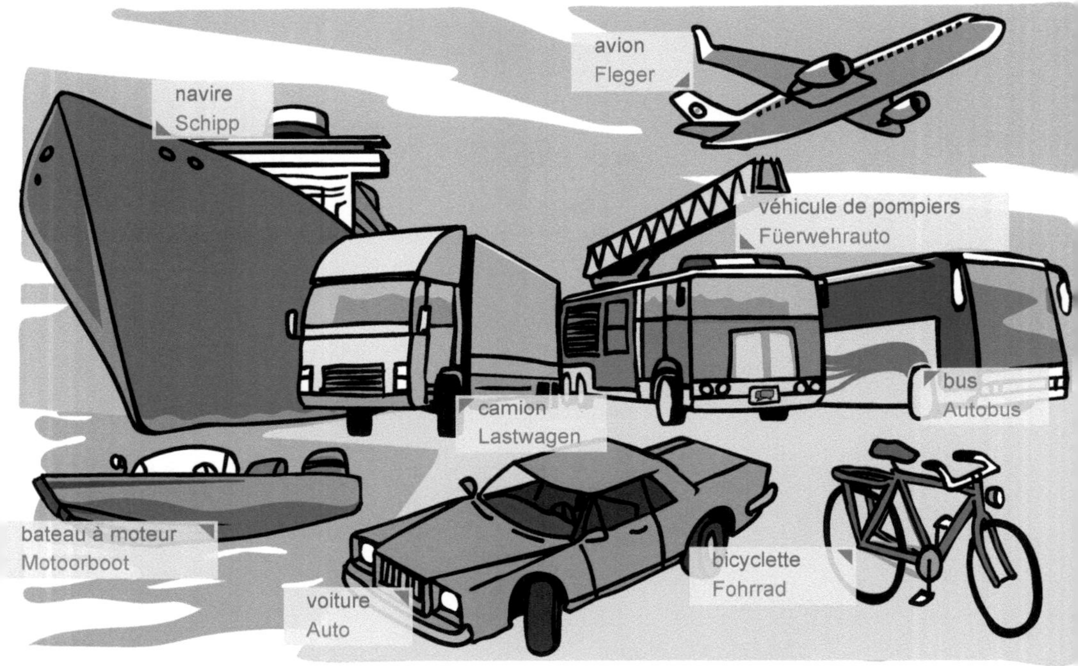

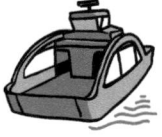

ferry
Fähr

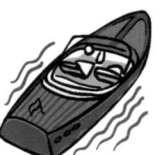

barque
Boot

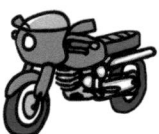

moto
Motoorrad

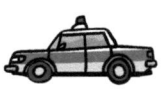

voiture de police
Polizeiauto

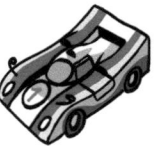

voiture de course
Rönnauto

voiture de location
Lehnwagen

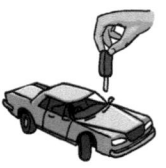

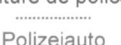

auto-partage

Carsharing

voiture de remorquage

Afsleepwagen

benne à ordures

Müllauto

moteur

Motoor

essence

Kraftstoff

station d'essence

Tanksteed

panneau indicateur

Verkehrsschild

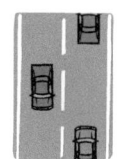

trafic

Verkehr

embouteillage

Stau

parking

Afstellplatz

gare

Bahnhoff

rails

Sporen

train

Tog

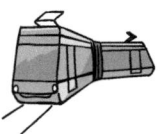

tramway

Stratenbahn

wagon

Wagon

hélicoptère
Dwarsmöhl

aéroport
Flooghaven

tour
Tower

passager
Fohrgast

conteneur
Grootkist

carton
Karton

chariot
Koor

corbeille
Korf

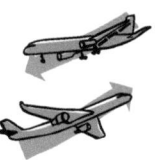

décoller / atterrir
starten / lannen

ville

Stadt

village
Dörp

centre-ville
Binnenstadt

maison
Huus

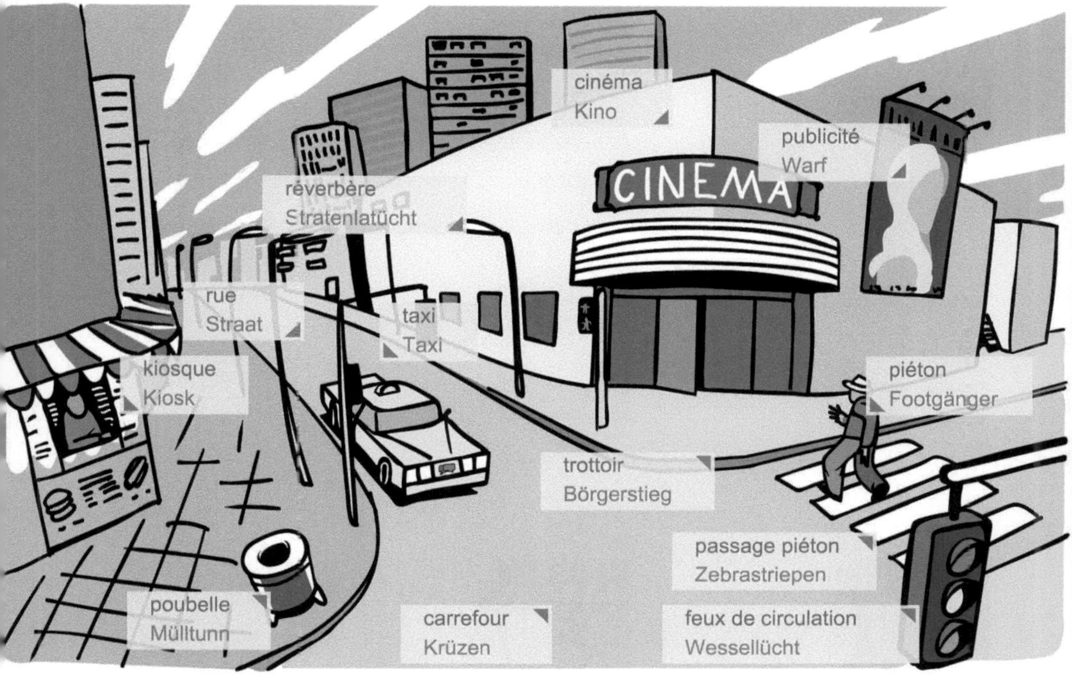

cinéma
Kino

publicité
Warf

réverbère
Stratenlatücht

rue
Straat

taxi
Taxi

kiosque
Kiosk

piéton
Footgänger

trottoir
Börgerstieg

passage piéton
Zebrastriepen

poubelle
Mülltunn

carrefour
Krüzen

feux de circulation
Wessellücht

cabane

Hütt

appartement

Wahnung

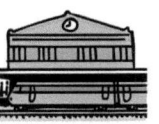

gare

Bahnhoff

mairie

Raathuus

musée

Museum

école

School

université
Universität

banque
Bank

hôpital
Krankenhuus

hôtel
Hotel

pharmacie
Afteek

bureau
Büro

librairie
Bookhökerie

magasin
Hökerie

fleuriste
Blomenhökerie

supermarché
Supermarkt

marché
Markt

grand magasin
Koophuus

poissonnerie
Fischhökerie

centre commercial
Inkoopszentrum

port
Haven

parc
Parkanlaag

banque
Bank

pont
Brüch

escaliers
Trepp

métro
Ünnergrundbahn

tunnel
Tunnel

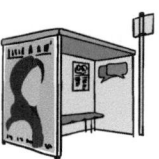

arrêt de bus
Busstoppsteed

bar
Bar

restaurant
Spieslokal

boîte à lettres
Breefkassen

panneau indicateur
Stratenschild

parcmètre
Parkklock

zoo
Deertenpark

piscine
Baadanstalt

mosquée
Moschee

ferme

Buernhoff

pollution

Ümweltversmudden

cimetière

Karkhoff

église

Kark

aire de jeux

Speelplatz

temple

Tempel

paysage
Landschop

feuille
Blatt

panneau indicateur
Wiespahl

chemin
Weg

pré
Wisch

pierre
Steen

arbre
Boom

randonneur
Wannerer

rivière
Fluss

herbe
Gras

fleur
Bloom

vallée

Daal

montagne

Barg

lac

See

forêt

Holt

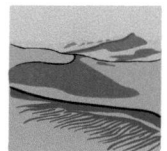

désert

Wööst

volcan

Füerspien Barg

château

Slott

arc-en-ciel

Regenbagen

champignon

Poggenstohl

palmier

Palm

moustique

Steekmück

mouche

Fleeg

fourmis

Miegeemk

abeille

Imm

araignée

Spinn

coléoptère

Sebber

grenouille

Pogg

écureuil

Katteker

hérisson

Swienegel

lièvre

Haas

chouette

Uul

oiseau

Vagel

cygne

Swaan

sanglier

Wildswien

cerf

Hirsch

élan

Elk

barrage

Staudamm

éolienne

Windrad

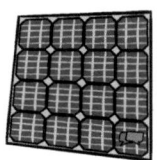

panneau solaire

Solarmodul

climat

Klima

restaurant
Spieslokal

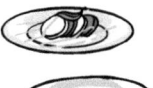

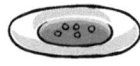

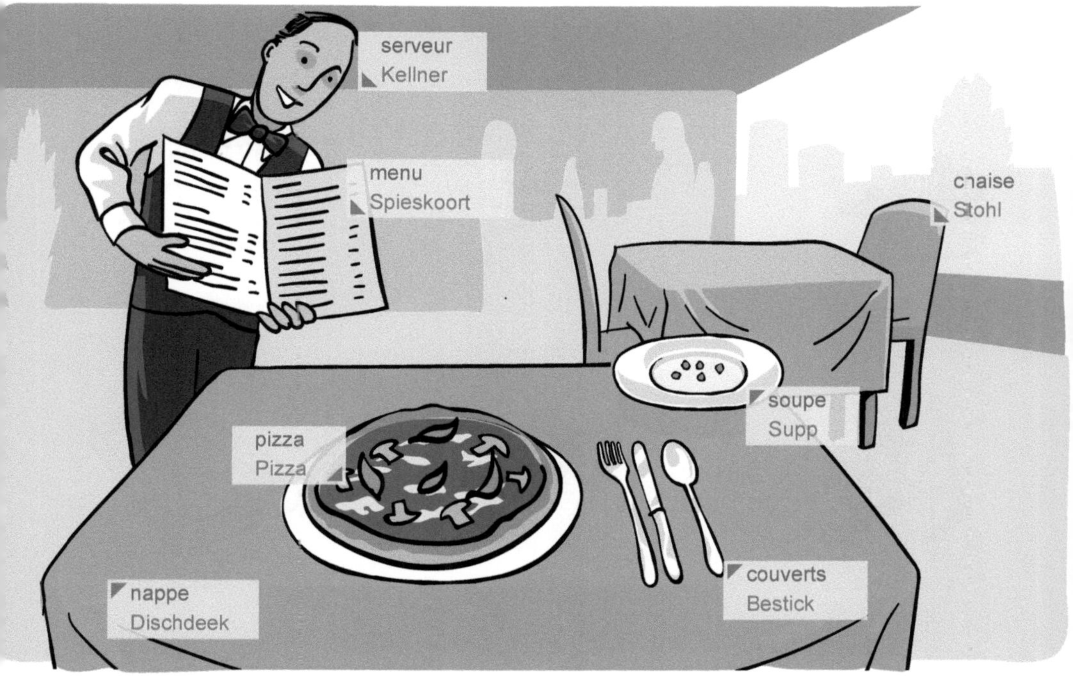
serveur
Kellner
menu
Spieskoort
chaise
Stohl
soupe
Supp
pizza
Pizza
nappe
Dischdeek
couverts
Bestick

hors d'œuvre

Vörspies

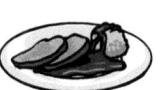

plat principal

Haupteten

dessert

Nadisch

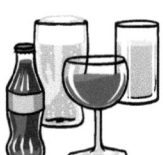

boissons

Drünk

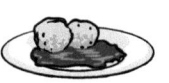

alimentation

Eten

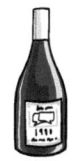

bouteille

Buddel

fast-food

Fastfood

plats à emporter

Strateneten

théière

Teekann

sucrier

Zuckerdoos

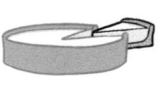

portion

Portschoon

machine à expresso

Espressomaschien

chaise haute

Hoochstohl

facture

Reken

plateau

Tablett

couteau

Mess

fourchette

Gavel

cuillère

Lepel

cuillère à thé

Teelepel

serviette

Munddook

verre

Glas

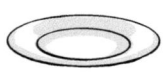

assiette

Töller

assiette à soupe

Suppentöller

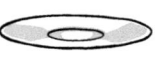

soucoupe

Ünnertass

sauce

Sooß

salière

Soltstreuer

moulin à poivre

Pepermöhl

vinaigre

Etig

huile

Ööl

épices

Krüder

ketchup

Ketchup

moutarde

Mostrich

mayonnaise

Mayonnaise

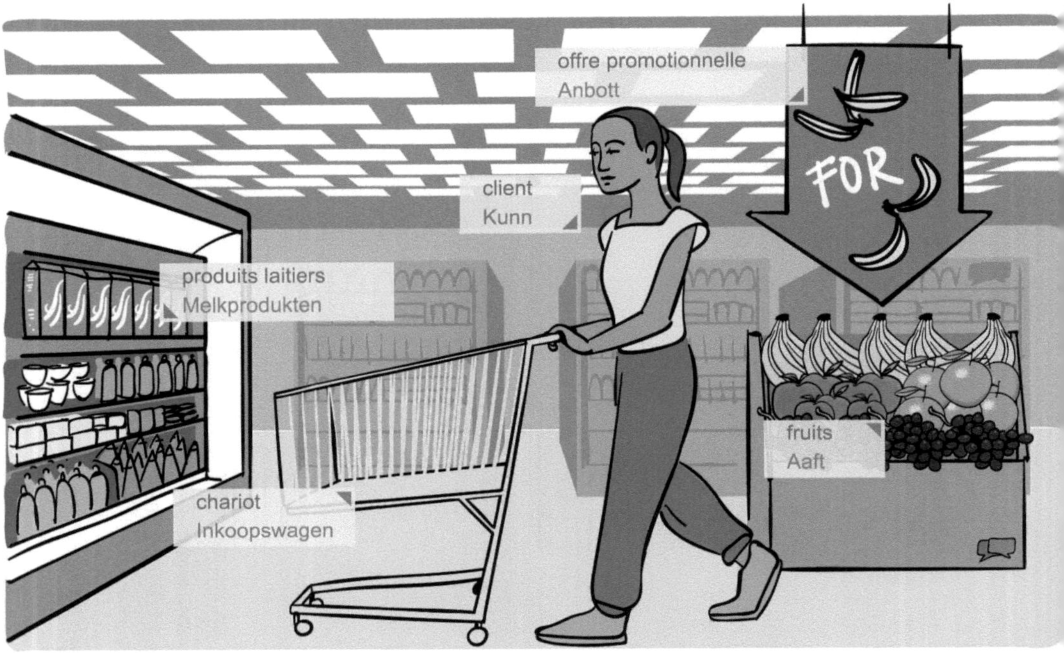

offre promotionnelle
Anbott

client
Kunn

produits laitiers
Melkprodukten

chariot
Inkoopswagen

fruits
Aaft

boucherie	boulangerie	peser
Slachterie	Bäckerie	wegen
	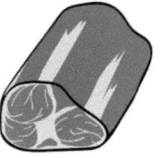	
légumes	viande	aliments surgelés
Gröönsaken	Fleesch	Deepköhlkost

charcuterie

Opsnitt

conserves

Konserven

poudre à lessive

Waschmiddel

bonbons

Snoopkraam

articles ménagers

Huushooltssaken

détergents

Reinmaaktüüch

vendeuse

Verköpersche

caisse

Kass

caissier

Kasserer

liste d'achats

Inkoopslist

heures d'ouverture

Opsparrtieden

portefeuille

Breeftasch

carte de crédit

Kreditkoort

sac

Tasch

sac en plastique

Plastiktüüt

eau

Water

jus de fruit

Saft

lait

Melk

coca

Cola

vin

Wien

bière

Beer

alcool

Spriet

chocolat chaud

Kakao

thé

Tee

café

Koffie

expresso

Espresso

cappuccino

Cappucino

banane

Banaan

pomme

Appel

orange

Appelsien

melon

Meloon

citron

Zitroon

carotte

Wöttel

ail

Knuuvlook

bambou

Bambus

oignon

Zibbel

champignon

Poggenstohl

noisettes

Nööt

pâtes

Nudeln

spaghetti

Spaghetti

riz

Ries

salade

Salat

pommes frites

Pommes frites

pommes de terre rôties

Braadkantüffeln

pizza

Pizza

hamburger

Hamborger

sandwich

Sandwich

escalope

Snitzel

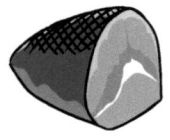

jambon

Schinken

salami

Salami

saucisse

Wust

poulet

Hohn

rôti

Braden

poisson

Fisch

flocons d'avoine

Haverflocken

muesli

Müsli

cornflakes

Cornflakes

farine

Mehl

croissant

Croissant

petits-pains

Rundstück

pain

Broot

pain grillé

Toast

biscuits

Keksen

beurre

Botter

le fromage blanc

Quark

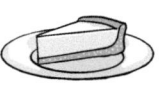

gâteau

Koken

œuf

Ei

œuf au plat

Spegelei

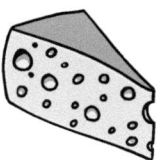

fromage

Kees

glace
les

sucre
Zucker

miel
Honnig

confiture
Marmelaad

crème nougat
Nougat-Creme

curry
Curry

ferme
Buernhoff

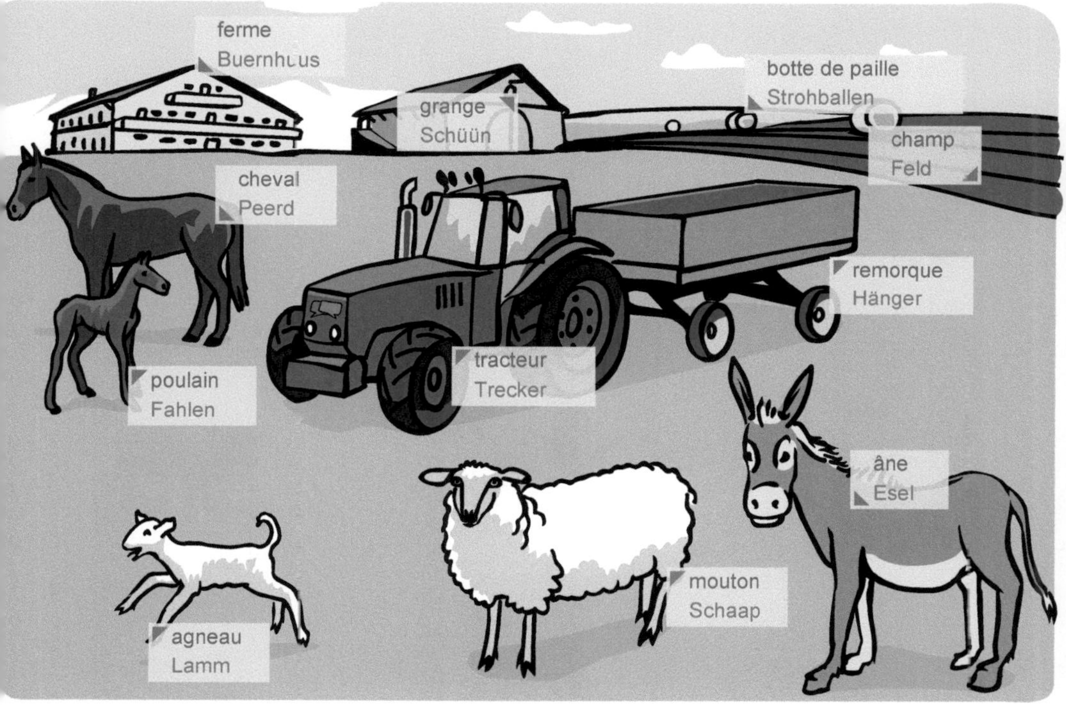
ferme
Buernhuus
grange
Schüün
botte de paille
Strohballen
champ
Feld
cheval
Peerd
remorque
Hänger
tracteur
Trecker
poulain
Fahlen
âne
Esel
mouton
Schaap
agneau
Lamm

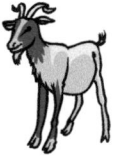

chèvre

Zeeg

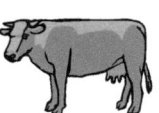

vache

Koh

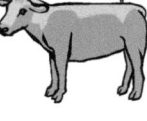

veau

Kalf

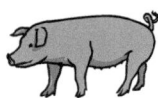

porc

Swien

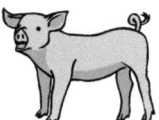

porcelet

Farken

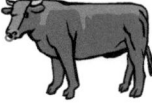

taureau

Bull

oie

Goos

canard

Aant

poussin

Küken

poule

Hohn

coq

Hahn

rat

Rott

chat

Katt

souris

Muus

bœuf

Oss

chien

Hund

chenil

Hunnenhütt

tuyau de jardin

Goornslauch

arrosoir

Geetkann

faucheuse

Lee

charrue

Ploog

faucille

Sich

pioche

Hack

fourche

Mestfork

hache

Ext

brouette

Schuufkoor

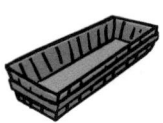

cuve

Trog

pot à lait

Melkkann

sac

Sack

clôture

Tuun

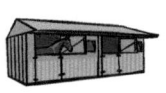

étable

Stall

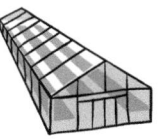

serre

Drievhuus

sol

Bodden

semences

Saat

engrais

Dünger

moissonneuse-batteuse

Meihdöscher

récolter

oornen

récolte

Oorn

igname

Yamswöttel

blé

Weten

soja

Soja

pomme de terre

Kantüffel

maïs

Törksche Weten

colza

Rapp

arbre fruitier

Aaftboom

manioc

Troopsch Kantüffel

céréales

Koorn

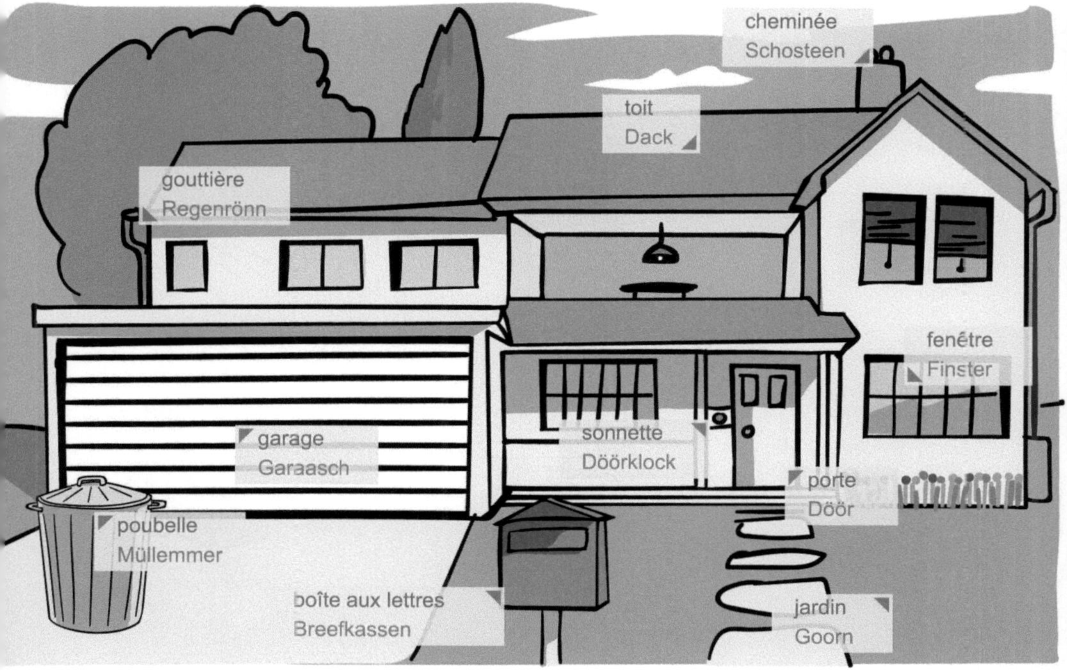

cheminée
Schosteen

toit
Dack

gouttière
Regenrönn

fenêtre
Finster

garage
Garaasch

sonnette
Döörklock

porte
Döör

poubelle
Müllemmer

boîte aux lettres
Breefkassen

jardin
Goorn

salon

Wahnstuuv

salle de bain

Baadstuuv

cuisine

Köök

chambre à coucher

Slaapstuuv

chambre d'enfant

Kinnerstuuv

salle à manger

Eetstuuv

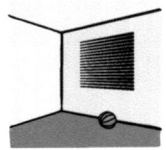

sol

Footbodden

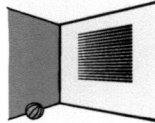

mur

Wand

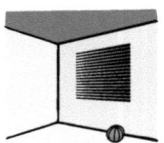

plafond

Deek

cave

Keller

sauna

Hittluftbad

balcon

Balkon

terrasse

Terrass

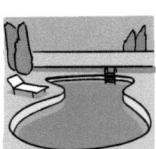

piscine

Swümmbad

tondeuse à gazon

Rasenmeiher

housse

Bettbetog

couette

Bettdeek

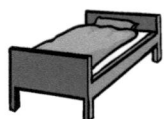

lit

Puuch

balai

Bessen

sceau

Emmer

interrupteur

Schalter

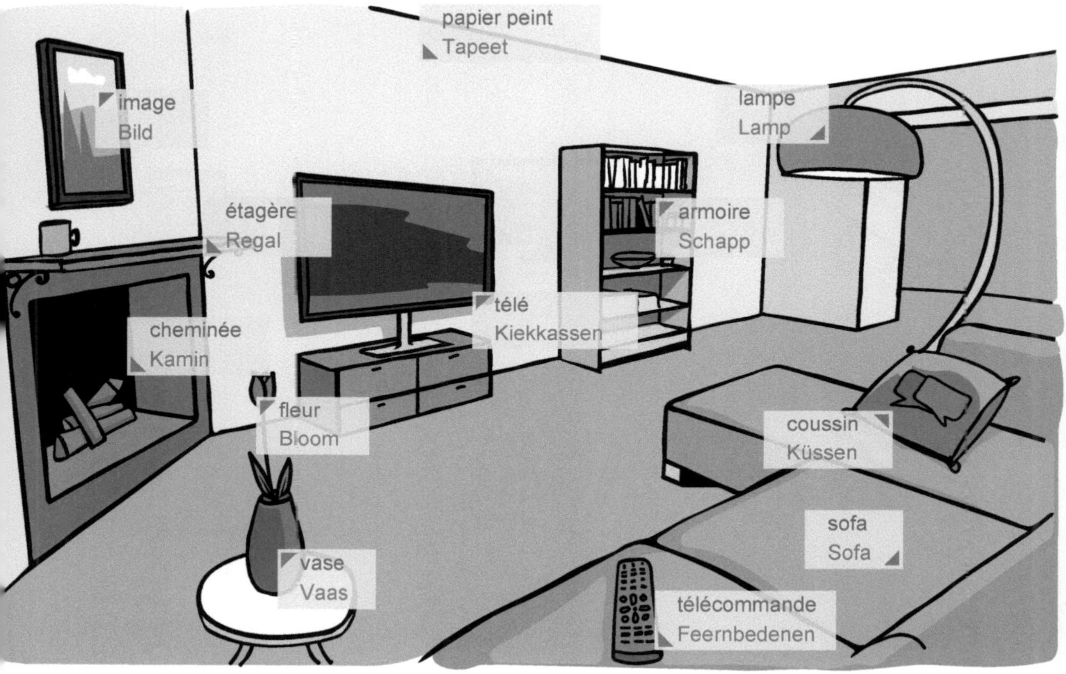

papier peint
Tapeet

image
Bild

lampe
Lamp

étagère
Regal

armoire
Schapp

télé
Kiekkassen

cheminée
Kamin

fleur
Bloom

coussin
Küssen

sofa
Sofa

vase
Vaas

télécommande
Feernbedenen

tapis
Teppich

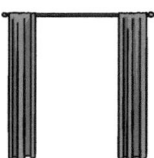

rideau
Vörhang

table
Disch

chaise
Stohl

chaise à bascule
Schuckelstohl

fauteuil
Sessel

livre
Book

couverture
Deek

décoration
Dekoratschoon

bois de chauffage
Füerholt

film
Film

chaîne hi-fi
Stereoanlaag

clé
Slötel

journal
Narichtenblatt

peinture
Gemälde

poster
Poster

radio
Radio

bloc-notes
Opschrievblock

aspirateur
Huulbessen

cactus
Kaktus

bougie
Kars

cuisine
Köök

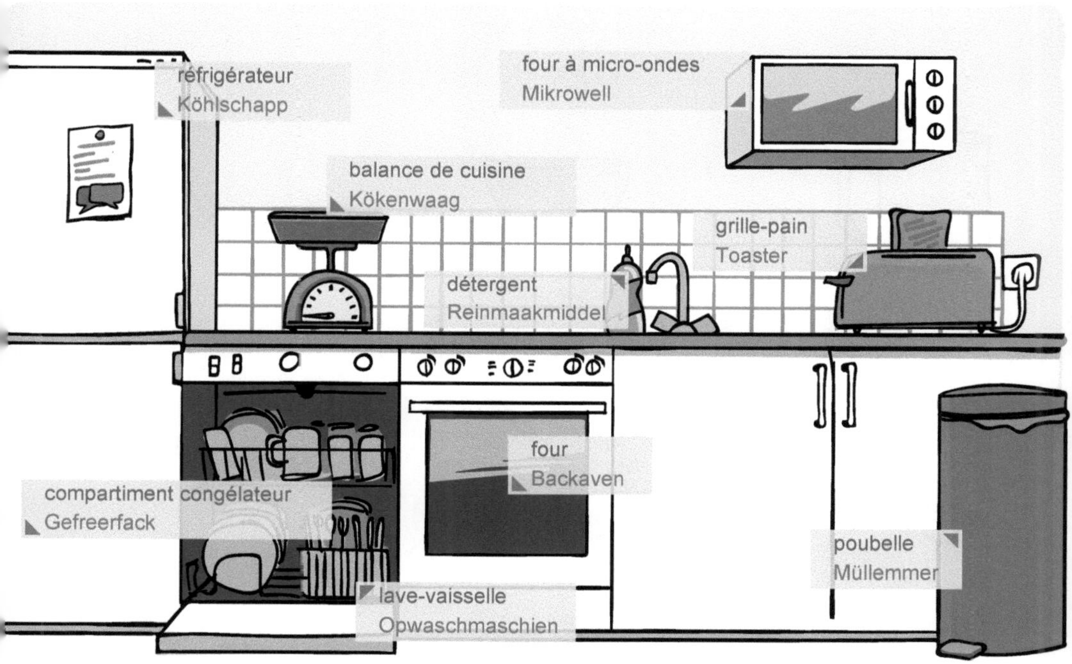
réfrigérateur
Köhlschapp
four à micro-ondes
Mikrowell
balance de cuisine
Kökenwaag
grille-pain
Toaster
détergent
Reinmaakmiddel
four
Backaven
compartiment congélateur
Gefreerfack
poubelle
Müllemmer
lave-vaisselle
Opwaschmaschien

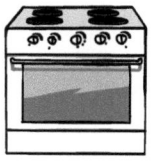

four

Heerd

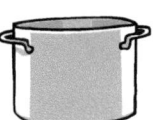

casserole

Pott

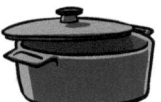

marmite

Gussiesern Putt

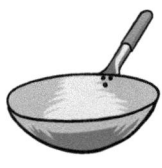

wok / kadai

Wok / Kadai

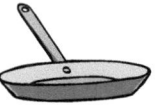

poêle

Pann

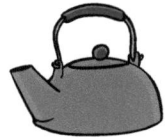

bouilloire electrique

Waterkaker

cuiseur vapeur

Dampkaakputt

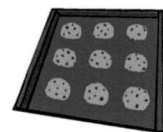

plaque de cuisson

Backblick

vaisselle

Geschirr

gobelet

Beker

coupe

Schaal

baguettes

Eetsticken

louche

Suppenkell

spatule

Pannenwenner

fouet

Sneebessen

passoire

Kaakseef

tamis

Seef

râpe

Riev

mortier

Mörser

barbecue

Grill

cheminée

Füerstell

planche à découper
Sniedbrett

rouleau à pâtisserie
Nudelholt

tire-bouchon
Proppentrecker

boîte
Doos

ouvre-boîte
Dosenaapner

maniques
Pottlappen

lavabo
Waschbecken

brosse
Böst

éponge
Swamm

mixeur
Mixer

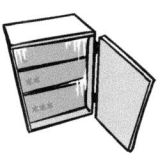

congélateur
lesschapp

biberon
Nuckelbuddel

robinet
Waterhahn

salle de bain
Baadstuuv

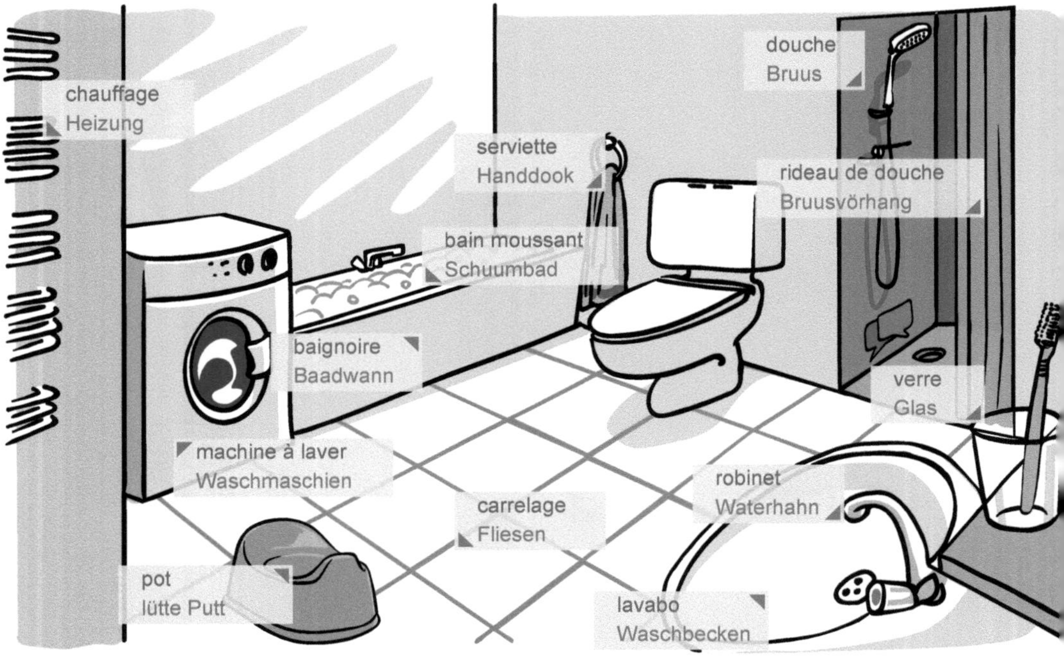

douche
Bruus
chauffage
Heizung
serviette
Handdook
rideau de douche
Bruusvörhang
bain moussant
Schuumbad
baignoire
Baadwann
verre
Glas
machine à laver
Waschmaschien
robinet
Waterhahn
carrelage
Fliesen
pot
lütte Putt
lavabo
Waschbecken

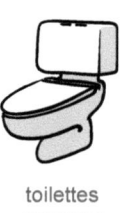

toilettes

Tante Meier

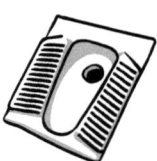

toilette à la turque

Hockklo

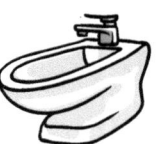

bidet

Bidet

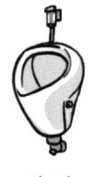

urinoir

Miegbecken

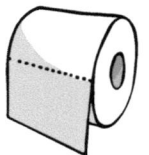

papier toilette

Klopapeer

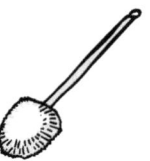

brosse à toilette

Kloböst

brosse à dents

Tähnböst

dentifrice

Tähnpast

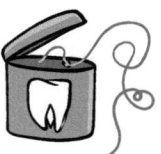

fil dentaire

Tähnsied

laver

waschen

douche manuelle

Handbruus

douche intime

Intimbruus

vasque

Waschschöttel

brosse dorsale

Rüchböst

savon

Seep

gel douche

Bruusgeel

shampooing

Hoorwaschmiddel

gant de toilette

Waschlappen

écoulement

Afloop

crème

Creme

déodorant

Deodorant

miroir

Spegel

miroir cosmétique

Kosmetikspegel

rasoir

Raserer

mousse à raser

Raseerschuum

après-rasage

Raseerwater

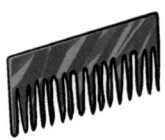

peigne

Kamm

brosse

Böst

sèche-cheveux

Hoordröger

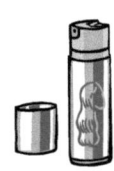

laque pour cheveux

Hoorspray

fond de teint

Smink

rouge à lèvres

Lippensticken

vernis à ongles

Nagellack

ouate

Watt

coupe-ongles

Nagelscheer

parfum

Rüükwater

trousse de toilette

Kulturbüdel

tabouret

Schemel

pèse-personne

Waag

peignoir

Baadmantel

gants de nettoyage

Gummihanschen

tampon

Tampon

serviettes hygiéniques

Damenbinn

toilette chimique

Chemieklo

chambre d'enfant
Kinnerstuuv

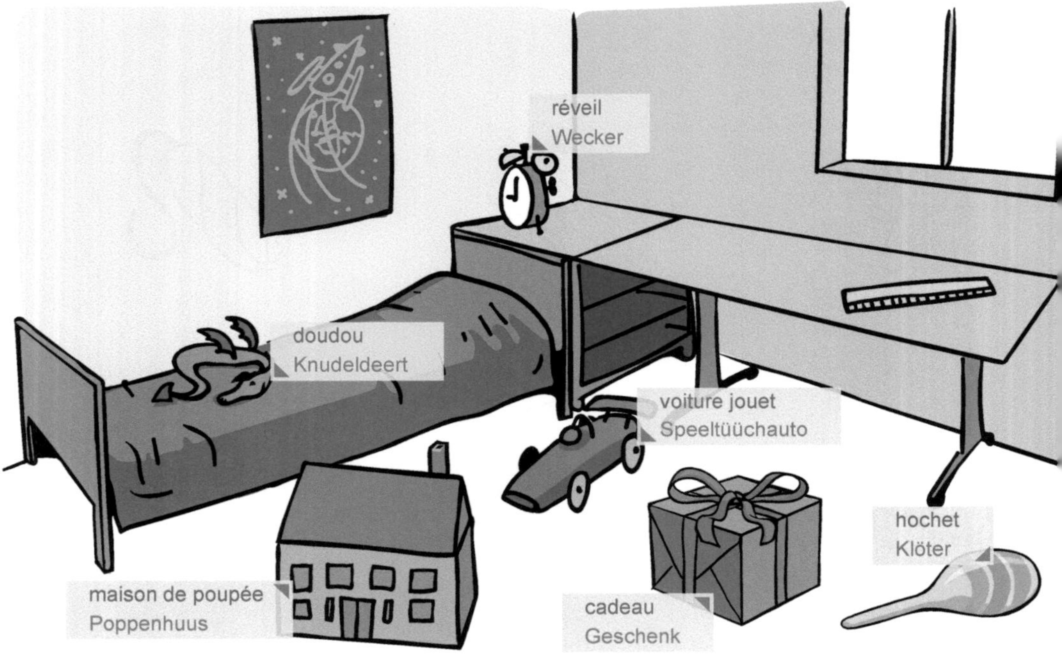
réveil
Wecker
doudou
Knudeldeert
voiture jouet
Speeltüüchauto
hochet
Klöter
maison de poupée
Poppenhuus
cadeau
Geschenk

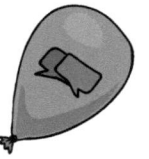

ballon
Luftballon

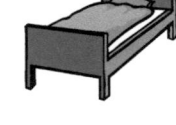

lit
Puuch

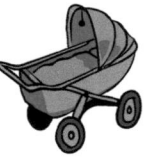

poussette
Kinnerwagen

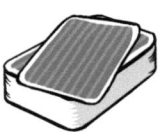

jeu de cartes
Koortenspeel

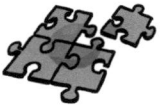

puzzle
Puzzle

SUPER
MEGA

bande dessinée
Billergeschicht

pièces lego

Legostenen

blocs de construction

Bustenen

figurine

Action-Figur

grenouillère

Strampelantog

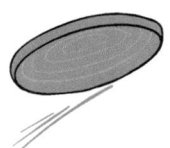

frisbee

Frisbeeschiev

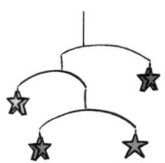

mobile

Mobile

jeu de société

Brettspeel

dé

Wörpel

train miniature

Modelliesenbahn

sucette

Snuller

fête

Party

livre d'images

Billerbook

balle

Ball

poupée

Popp

jouer

spelen

bac à sable

Sandkassen

balançoire

Schuckel

jouets

Speeltüüch

console de jeu

Speelkonsool

tricycle

Dreerad

ours en peluche

Teddyboor

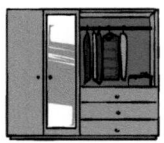

armoire

Klederschapp

vêtements
Tüüch

chaussettes

Socken

bas

Strümp

collant

Strumpbüx

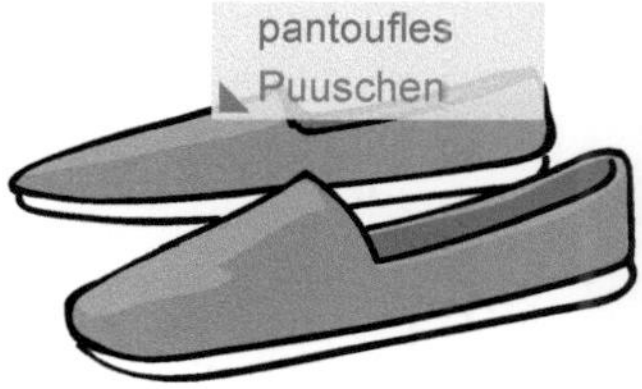

écharpe
Halsdook

ceinture
Liefreem

parapluie
Paraplü

t-shirt
T-Shirt

bottes
Stevel

pantoufles
Puuschen

baskets
Turnschoh

sandales
Sandalen

chaussures
Schoh

bottes de caoutchouc
Gummistevel

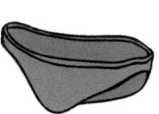

sous-vêtements
Ünnerbüx

soutien-gorge
Bostholler

maillot de corps
Ünnerhemd

body

Lief

pantalon

Büx

jean

Jeansnüx

jupe

Rock

chemisier

Bluus

chemise

Hemd

pull

Pullover

sweat à capuche

Kapuzenpullover

veste

Blazer

veste

Jack

manteau

Mantel

imperméable

Övertrecker

costume

Kostüm

robe

Kleed

robe de mariée

Hochtietskleed

costume

Antog

chemise de nuit

Nachtkleed

pyjama

Slaapantog

sari

Sari

foulard

Koppdook

turban

Turban

burqa

Burka

caftan

Kaftan

abaya

Abaya

maillot de bain

Baadantog

maillot de bain

Baadbüx

short

Korte Büx

tenue d'entraînement

Antog to'n Öven

tablier

Schört

gants

Handschoh

bouton

Knopp

lunettes

Brill

bracelet

Armband

collier

Halskeed

bague

Ring

boucle d'oreille

Ohrbummel

bonnet

Mütz

cintre

Klederbögel

chapeau

Hoot

cravate

Binner

fermeture éclair

Rietslüter

casque

Helm

bretelles

Drachtband

uniforme scolaire

Schooluniform

uniforme

Uniform

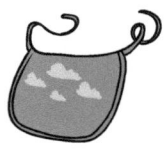

bavoir

Severböten

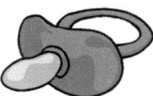

sucette

Snuller

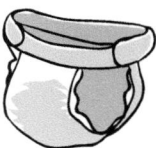

lange

Winnel

bureau

Büro

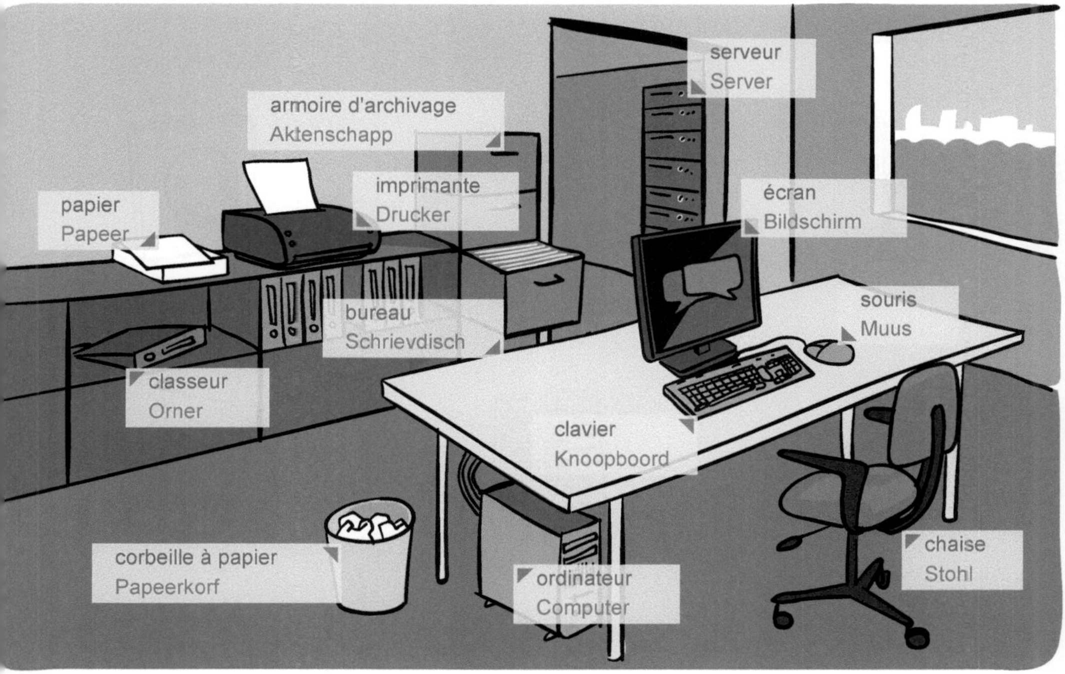

serveur
Server
armoire d'archivage
Aktenschapp
imprimante
Drucker
écran
Bildschirm
papier
Papeer
souris
Muus
bureau
Schrievdisch
classeur
Orner
clavier
Knoopboord
corbeille à papier
Papeerkorf
chaise
Stohl
ordinateur
Computer

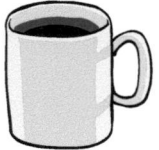

tasse de café

Koffiebeker

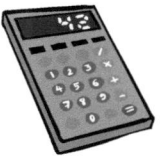

calculatrice

Taschenreekner

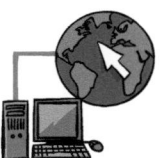

internet

Internet

ordinateur portable

Klappreekner

lettre

Breef

message

Naricht

portable

Ackersnacker

réseau

Nettwark

photocopieuse

Kopeerapparat

logiciel

Software

téléphone

Klöönkassen

prise

Steekdoos

fax

Faxapparat

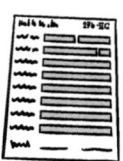

formulaire

Formulor

document

Dokument

acheter

köpen

payer

betahlen

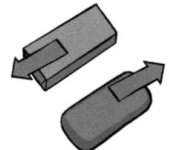

faire du commerce

hanneln

monnaie

Geld

 **USD**

dollar

Dollar

 **EUR**

euro

Euro

 **JPY**

yen

Yen

 **RUB**

rouble

Ruvel

 **CHF**

franc suisse

Swiezer Franken

 **CNY**

renminbi yuan

Renminbi Yuan

 **INR**

roupie

Rupie

distributeur automatique

Geldautomat

bureau de change
Wesselstuuv

or
Gold

argent
Sülver

pétrole
Ööl

énergie
Energie

prix
Pries

contrat
Verdrag

taxe
Stüer

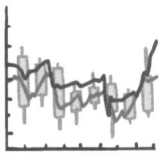

action
Andeelschien

travailler
arbeiden

employé
Anstellte

employeur
Arbeitgever

usine
Fabrik

magasin
Hökerie

agent de police
Wachtmeester

pompier
Füerwehrmann

cuisinier
Kock

médecin
Dokter

pilote
Fleger

jardinier

Goorner

menuisier

Discher

couturière

Neihersche

juge

Richter

chimiste

Chemiker

acteur

Schauspeler

conducteur de bus

Busfohrer

chauffeur de taxi

Taxifohrer

pêcheur

Fischer

femme de ménage

Reinmaakfru

couvreur

Dackdecker

serveur

Kellner

chasseur

Jäger

peintre

Maler

boulanger

Bäcker

électricien

Elektriker

ouvrier

Buarbeider

ingénieur

Ingenieur

boucher

Slachter

plombier

Klempner

facteur

Postbüdel

soldat

Suldat

architecte

Architekt

caissier

Kasserer

fleuriste

Florist

coiffeur

Putzbüdel

contrôleur

Schaffner

mécanicien

Mechaniker

capitaine

Kaptein

dentiste

Tähndokter

scientifique

Wetenschopler

rabbin

Rabbi

imam

Imam

moine

Mönk

prêtre

Paap

outils
Warktüüch

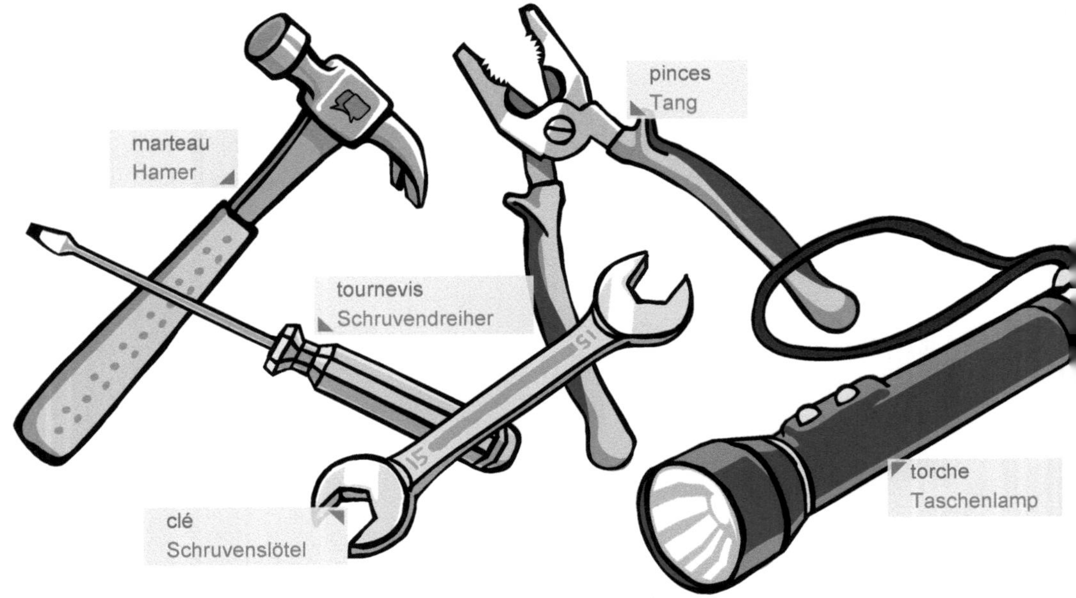
marteau
Hamer
pinces
Tang
tournevis
Schruvendreiher
clé
Schruvenslötel
torche
Taschenlamp

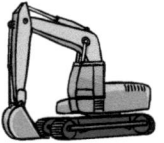

pelleteuse

Grieper

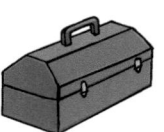

boîte à outils

Warktüüchkassen

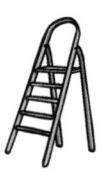

échelle

Ledder

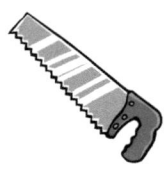

scie

Saag

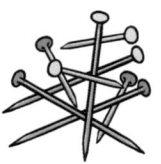

clous

Nagels

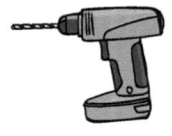

perceuse

Bohrer

réparer

heelmaken

pelle

Schüffel

Mince !

Schiet!

pelle

Kehrblick

pot de peinture

Farvpott

vis

Schruven

instruments de musique
Musikinstrumenten

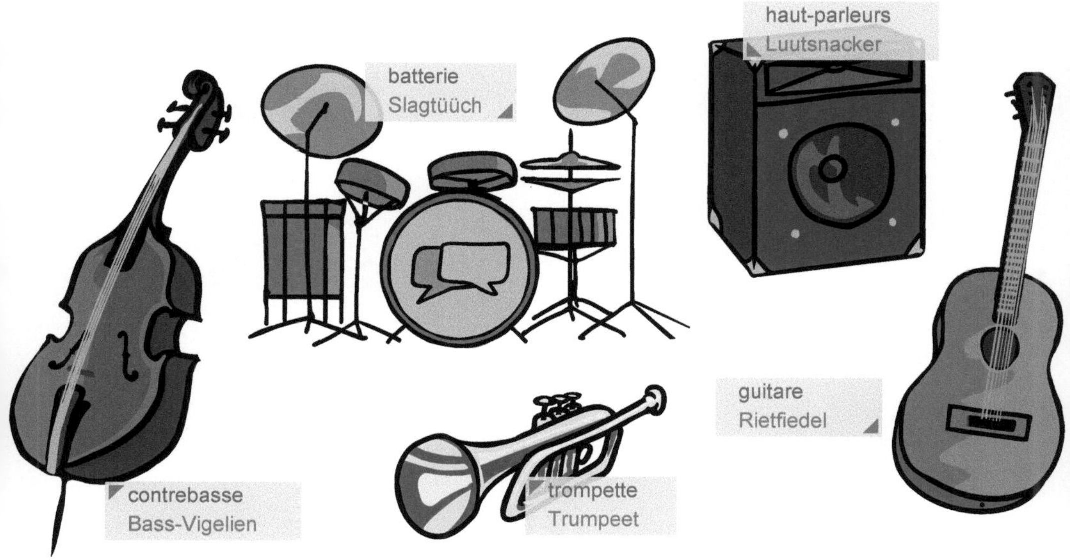

haut-parleurs
Luutsnacker

batterie
Slagtüüch

guitare
Rietfiedel

contrebasse
Bass-Vigelien

trompette
Trumpeet

piano

Klaveer

violon

Vigelien

basse

Bass

timbales

Pauk

tambour

Trummeln

piano électrique

Keyboard

saxophone

Saxophon

flûte

Fleut

microphone

Mikrofoon

entrée
Ingang

tigre
Tiger

cage
Käfig

zèbre
Zebra

alimentation animale
Deertenfoder

panda
Panda-Boor

animaux

Deerten

éléphant

Elefant

kangourou

Känguru

rhinocéros

Neeshoorn

gorille

Gorilla

ours

Boor

chameau

Kameel

autruche

Struuß

lion

Lööv

singe

Aap

flamand rose

Flamingo

perroquet

Papagoi

ours polaire

Iesboor

pingouin

Pinguin

requin

Haifisch

paon

Pageluun

serpent

Slang

crocodile

Krokodil

gardien de zoo

Oppasser in'n Deertenpark

phoque

Saalhund

jaguar

Jaguor

poney

Pony

léopard

Leopard

hippopotame

Nilpeerd

girafe

Giraff

aigle

Aadler

sanglier

Wildswien

poisson

Fisch

tortue

Schildkrööt

morse

Walross

renard

Voss

gazelle

Gazell

american Football
Amerikaansch Football

cyclisme
Radfohren

tennis
Tennis

basket-ball
Korfball

natation
Swümmen

boxe
Boxen

hockey sur glace
Ieshockey

football
Football

badminton
Fedderball

athlétisme
Leichtathletik

handball
Handball

ski
Skilopen

polo
Polo

activités
Aktivitäten

rire
lachen
sauter
springen
embrasser
ümarmen
marcher
gahn
chanter
singen
rêver
drömen
prier
beden
faire la bise
snuteln

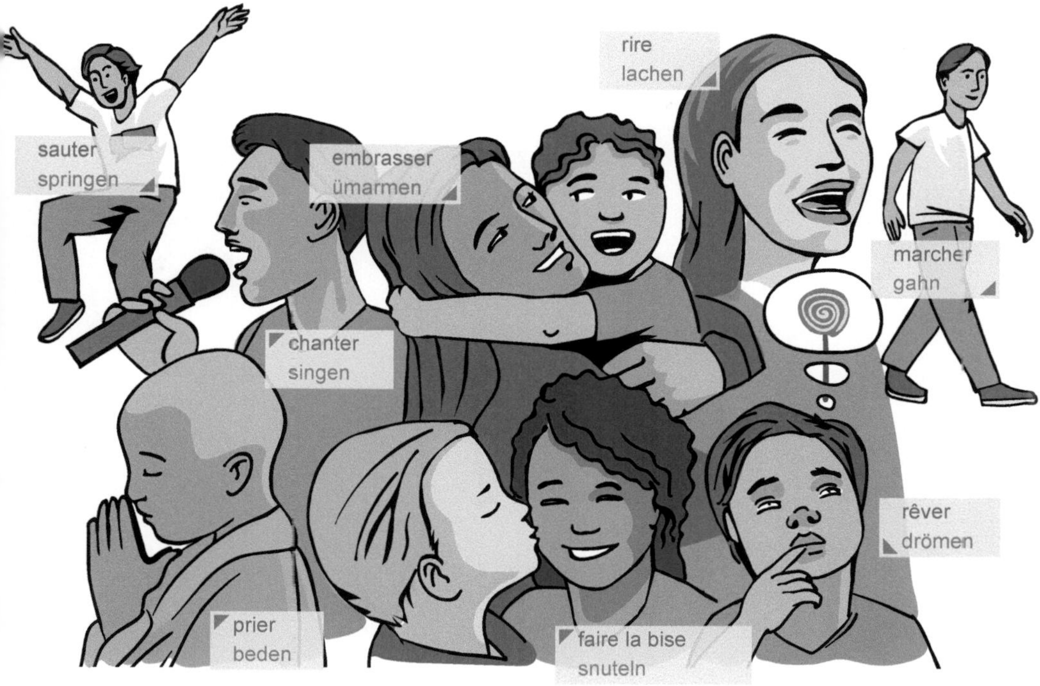

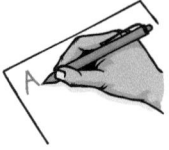

écrire

schrieven

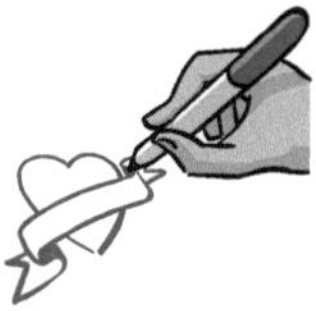

dessiner

teken

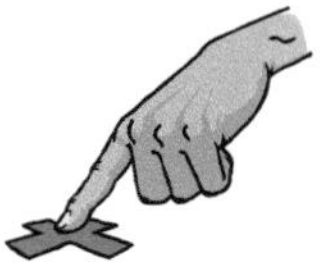

montrer

wiesen

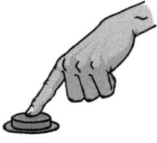

pousser

drücken

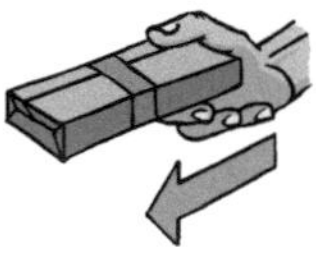

donner

geven

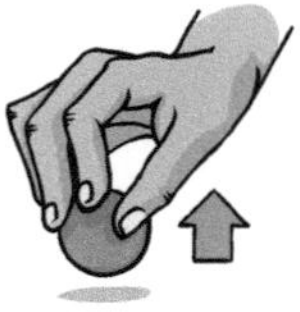

prendre

nehmen

avoir

hebben

faire

doon

être

sien

être debout

stahn

courir

lopen

trier

trecken

jeter

smieten

tomber

fallen

être couché

liggen

attendre

töven

porter

dregen

être assis

sitten

s'habiller

antrecken

dormir

slapen

se réveiller

opwaken

regarder

ankieken

pleurer

wenen

caresser

eien

peigner

kämmen

parler

snacken

comprendre

verstahn

demander

fragen

écouter

hören

boire

drinken

manger

eten

ranger

oprümen

aimer

leefhebben

cuire

kaken

conduire

fohren

voler

flegen

faire de la voile

segeln

calculer

reken

lire

lesen

apprendre

lehren

travailler

arbeiden

se marier

de Plünnen tohoopsmieten

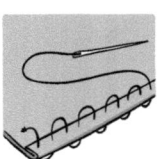

coudre

neihen

brosser les dents

Tähnen putzen

tuer

dootmaken

fumer

smöken

envoyer

schicken

grand-mère
Grootmoder

grand-père
Grootvadder

père
Vadder

mère
Moder

bébé
Winnelkind

fille
Dochter

fils
Söhn

hôte

Gast

tante

Tant

oncle

Unkel

frère

Broder

sœur

Süster

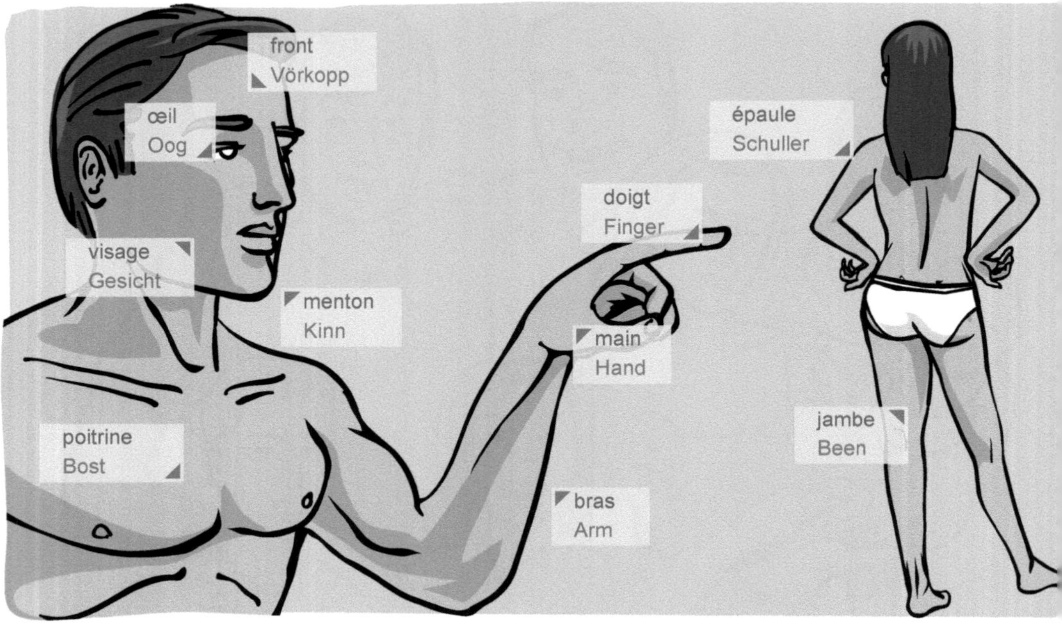

front
Vörkopp

œil
Oog

épaule
Schuller

doigt
Finger

visage
Gesicht

menton
Kinn

main
Hand

poitrine
Bost

jambe
Been

bras
Arm

bébé

Winnelkind

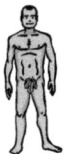

homme

Mann

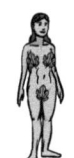

femme

Fro

fille

Deern

garçon

Jung

tête

Arm

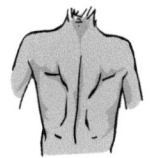

dos
Rüch

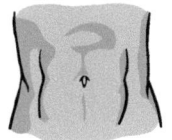

ventre
Buuk

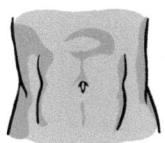

nombril
Navel

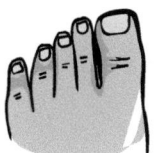

orteil
Teh

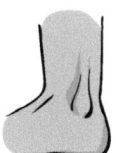

talon
Hack

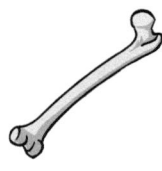

os
Knaken

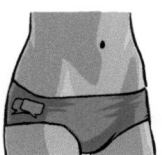

hanche
Hüft

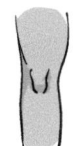

genou
Knee

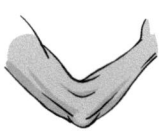

coude
Ellbagen

nez
Nees

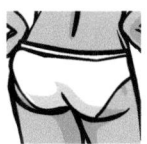

fesses
Achtersen

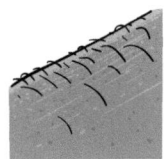

peau
Huut

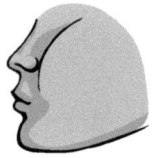

joue
Back

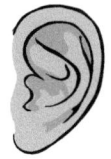

oreille
Ohr

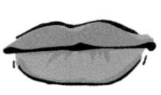

lèvre
Lipp

bouche

Mund

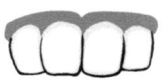

dent

Tähn

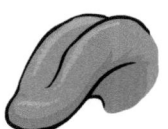

langue

Tung

cerveau

Bregen

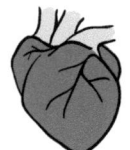

cœur

Hart

muscle

Muskel

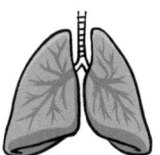

poumons

Lung

foie

Lever

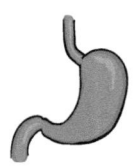

estomac

Maag

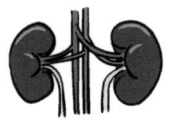

reins

Neren

rapport sexuel

Bislaap

préservatif

Kondoom

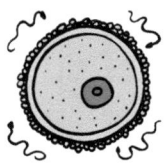

ovule

Eizell

sperme

Sperma

grossesse

Anner Ümstänn

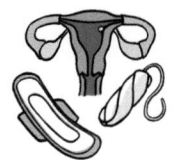

menstruation

Menstruatschoon

vagin

Scheed

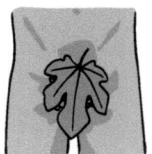

pénis

Pint

sourcil

Ogenbroe

cheveux

Hoor

cou

Hals

hôpital
Krankenhuus

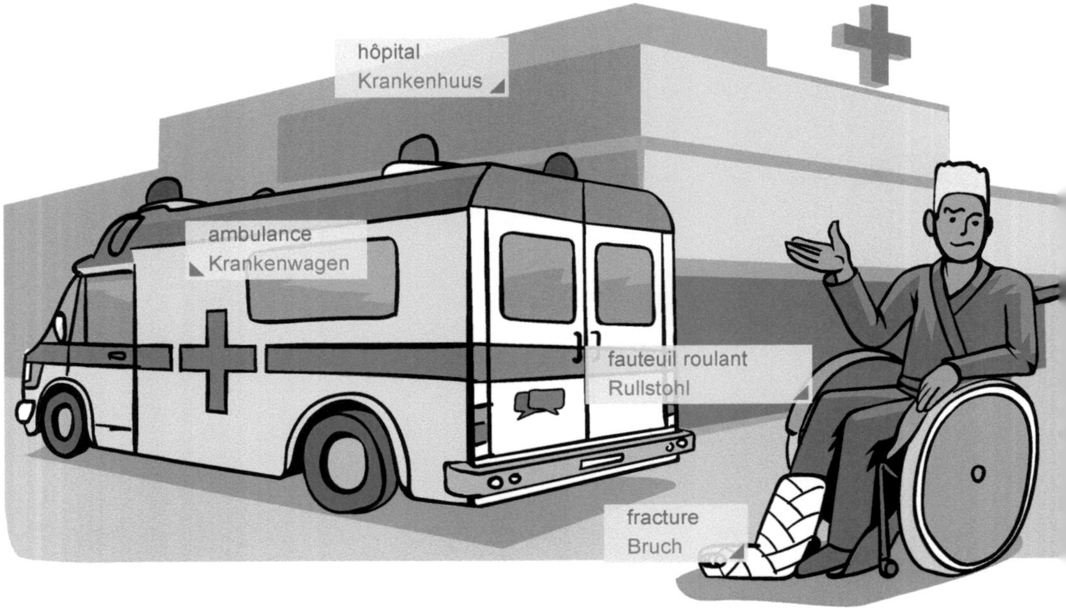

hôpital
Krankenhuus
ambulance
Krankenwagen
fauteuil roulant
Rullstohl
fracture
Bruch

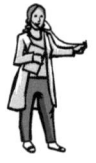

médecin

Dokter

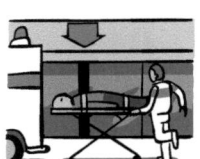

service des urgences

Nootopnahm

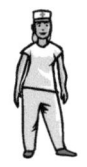

infirmière

Krankensüster

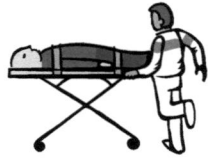

urgence

Nootfall

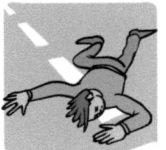

inconscient

ahnmächtig

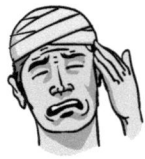

douleur

Wehdaag

blessure

Verwunnen

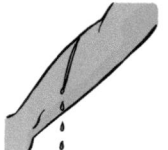

hémorragie

Blöden

crise cardiaque

Hartinfarkt

attaque cérébrale

Slaganfall

allergie

Allergie

toux

Hoosten

fièvre

Fever

grippe

Gripp

diarrhée

Dörchfall

mal de tête

Koppwehdaag

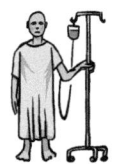

cancer

Kreeft

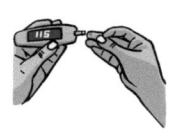

diabète

Zuckersüük

chirurgien

Chirurg

scalpel

Chirurgsch Mess

opération

Operatschoon

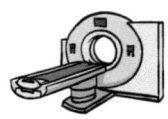

CT
CT

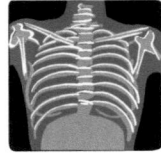

radiographie
Dörchlüchten

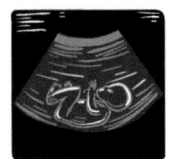

échographie
Ultraschall

masque
Mask

maladie
Krankheit

salle d'attente
Töövruum

béquille
Krück

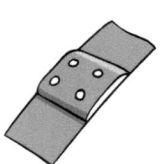

pansement
Plaaster

pansement
Verband

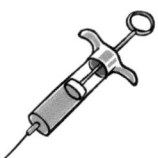

injection
Insprütten

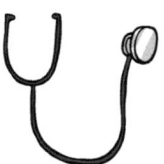

stéthoscope
Stethoskop

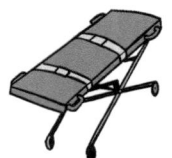

brancard
Draag

thermomètre
Feverthermometer

accouchement
Geboort

surcharge pondérale
Övergewicht

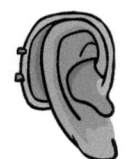

appareil auditif

Höörapparat

désinfectant

Kiemfriemiddel

infection

Ansteken

virus

Virus

VIH / sida

HIV / AIDS

médicament

Heelmiddel

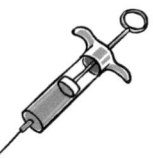

vaccination

Impen

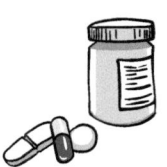

comprimés

Tabletten

pilule

Pill

appel d'urgence

Nootroop

tensiomètre

Blootdruck-Meter

malade / sain

krank / gesund

alarme
....
Alarm

assaut
....
Överfall

Au secours !
....
Hölp!

danger
....
Gefohr

sortie de secours
....
Nootutgang

attaque
....
Angreep

Au feu!
....
Füer!

extincteur
....
Füerlöscher

accident
....
Unfall

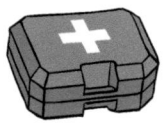

trousse de premier secours
....
Noothölpkoffer

SOS
....
SOS

police
....
Polizei

Europe

Europa

Amérique du Nord

Noordamerika

Amérique du Sud

Süüdamerika

Afrique

Afrika

Asie

Asien

Australie

Australien

Océan atlantique

Atlantik

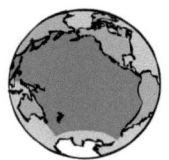

Océan pacifique

Pazifik

Océan indien

Indisch Weltmeer

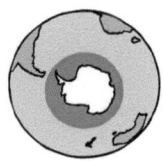

Océan antarctique

Antarktisch Weltmeer

Océan arctique

Arktisch Weltmeer

pôle nord

Noordpol

pôle sud
Süüdpol

Antarctique
Antarktis

terre
Eerd

pays
Land

mer
See

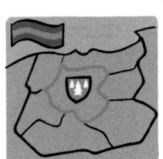

île
Eiland

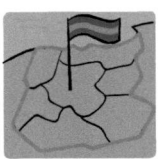

nation
Natschoon

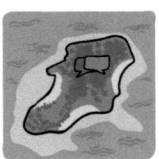

état
Staat

cadran

Tallenblatt

aiguille des heures

Stunnenwieser

aiguille des minutes

Minutenwieser

aiguille des secondes

Sekunnenwieser

Quelle heure est-il ?

Wo laat is dat?

jour

Dag

temps

Tiet

maintenant

nu

montre digitale

digetaalsch Klock

minute

Minuut

heure

Stunn

semaine

Week

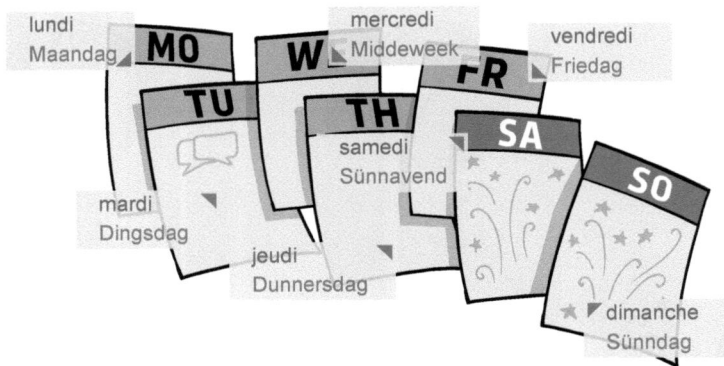

lundi
Maandag · **MO** · **W** · mercredi Middeweek · **FR** · vendredi Friedag

TU · **TH** · samedi Sünnavend · **SA** · **SO**

mardi
Dingsdag

jeudi
Dunnersdag

dimanche
Sünndag

hier
....
güstern

aujourd'hui
....
hüüt

demain
....
morgen

matin
....
Morgen

midi
....
Meddag

soir
....
Avend

jours ouvrables
....
Arbeitsdaag

week-end
....
Wekenenn

année
Johr

pluie
Regen
arc-en-ciel
Regenbagen
neige
Snee
vent
Wind
printemps
Fröhjohr
automne
Harvst
été
Sommer
hiver
Winter

4.APRIL 11°
5.APRIL 4°
6.APRIL 13°
7.APRIL 8°
8.APRIL 10°

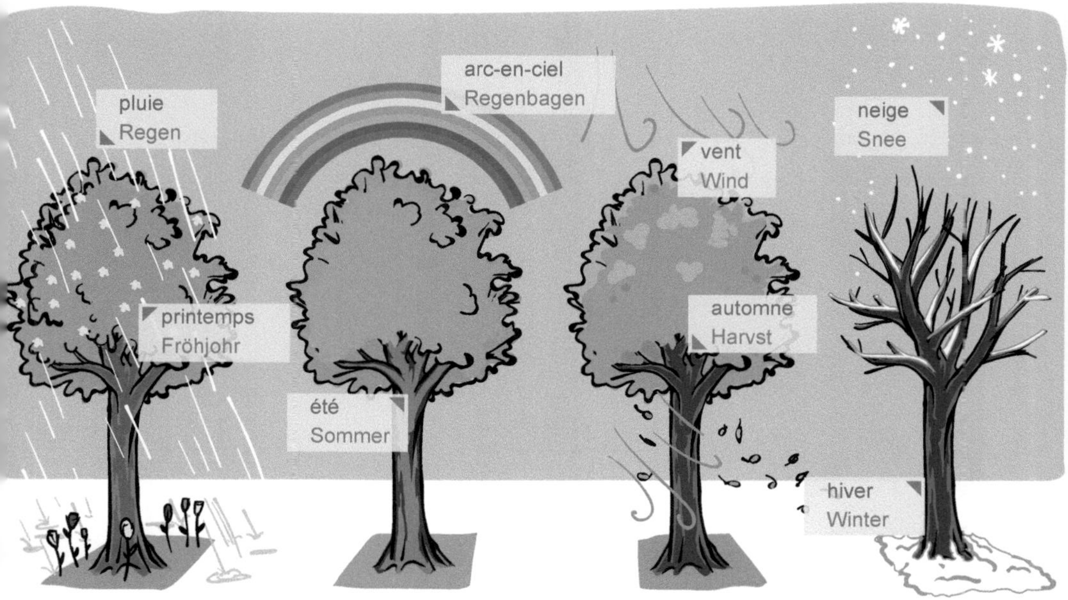

météo

Wedervörhersaag

F C
120 40
90 30
60 20
30 10
0 0
-30 -10
-20

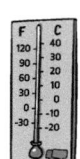

thermomètre

Thermometer

lumière du soleil

Sünnenschien

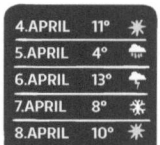

nuage

Wulk

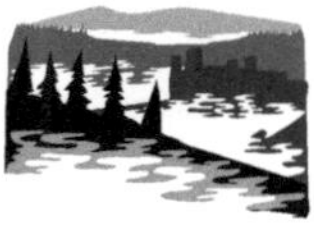

brouillard

Nevel

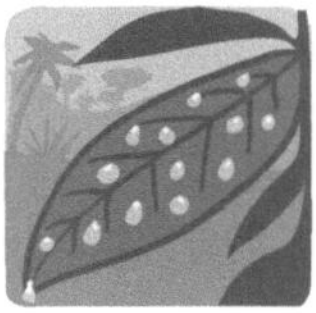

humidité

Luftfuchtigkeit

foudre
Blitz

tonnerre
Dunner

tempête
Storm

grêle
Hagel

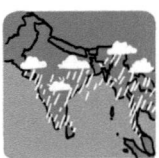

mousson
Monsun

inondation
Floot

glace
Ies

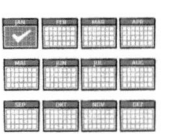

janvier
Januormaand

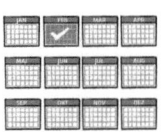

février
Februormaand

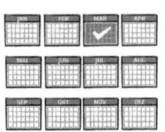

mars
Martmaand

avril
Aprilmaand

mai
Maimaand

juin
Junimaand

juillet
Julimaand

août
Augustmaand

année - Johr

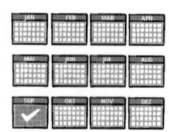

septembre
....
Septembermaand

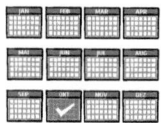

octobre
....
Oktobermaand

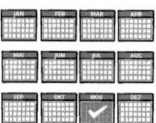

novembre
....
Novembermaand

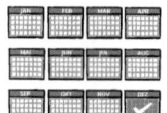

décembre
....
Dezembermaand

formes
Formen

cercle
....
Krink

carré
....
Quadrat

rectangle
....
Rechteck

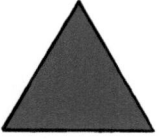

triangle
....
Dreeeck

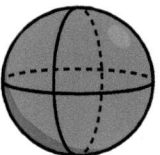

sphère
....
Kugel

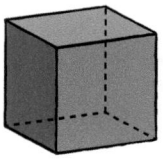

cube
....
Wörpel

blanc

witt

jaune

geel

orange

orangsch

rose

pink

rouge

root

violet

lila

bleu

blau

vert

gröön

marron

bruun

gris

gries

noir

swart

beaucoup / peu

veel / wenig

fâché / calme

böös / verdreeglich

joli / laid

smuck / mies

début / fin

Begünn / Enn

grand / petit

groot / lütt

clair / obscure

hell / düüster

frère / soeur

Broder / Süster

propre / sale

schier / schietig

complet / incomplet

kumpleet / nich kumpleet

jour / nuit

Dag / Nacht

mort / vivant

doot / lebennig

large / étroit

breet / small

comestible / incomestible

geneetbor / nich geneetbor

méchant / gentil

böös / fründlich

excité / ennuyé

fickerig / langwielt

gros / mince

dick / dünn

premier / dernier

toeerst / toletzt

ami / ennemi

Fründ / Fiend

plein / vide

vull / leddig

dur / souple

hart / week

lourd / léger

swoor / licht

faim / soif

Smacht / Döst

malade / sain

krank / gesund

illégal / légal

nich na't Recht / na't Recht

intelligent / stupide

klook / dummerhaftig

gauche / droite

linkerhand / rechterhand

proche / loin

neeg / feern

nouveau / usé

nieg / bruukt

rien / quelque chose

nix / wat

vieux / jeune

oolt / jung

marche / arrêt

an / ut

ouvert / fermé

apen / slaten

faible / fort

lies / luut

riche / pauvre

riek / arm

correct / incorrect

richtig / verkehrt

rugueux / lisse

ruug / glatt

triste / heureux

trurig / glücklich

court / long

kort / lang

lent / rapide

suutje / flink

mouillé / sec

natt / dröög

chaud / froid

warm / köhl

guerre / paix

Krieg / Freden

0

zéro
null

1

un / une
een

2

deux
twee

3

trois
dree

4

quatre
veer

5

cinq
fief

6

six
söss

7

sept
söven

8

huit
acht

9

neuf
negen

10

dix
teihn

11

onze
ölven

12

douze

twölf

13

treize

dörteihn

14

quatorze

veerteihn

15

quinze

föffteihn

16

seize

sössteihn

17

dix-sept

söventeihn

18

dix-huit

achtteihn

19

dix-neuf

negenteihn

20

vingt

twintig

100

cent

hunnert

1.000

mille

dusend

1.000.000

million

million

anglais

Engelsch

anglais américain

Amerikaansch Engelsch

chinois mandarin

Chineesch Mandarin

hindi

Hindi

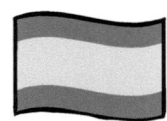

espagnol

Spaansch

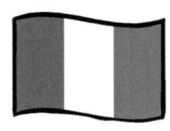

français

Franzöösch

arabe

Araabsch

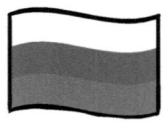

russe

Rusch

portugais

Portugiesch

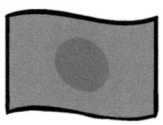

bengali

Bengaalsch

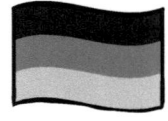

allemand

Düütsch

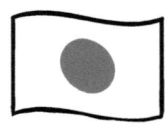

japonais

Japaansch

je

ik

tu

du

il / elle / ce, c', cela

he / se / dat

nous

wi

vous

ji

ils / elles

se

Qui ?

keen?

Quoi ?

wat?

Comment ?

woans?

Où ?

woneem?

Quand ?

wannehr?

nom

Naam

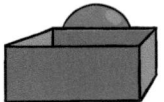

derrière

achter

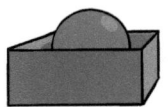

dans

in

devant

vör

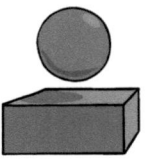

au-dessus

över

sur

op

en-dessous

ünner

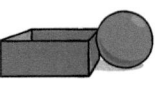

à côté de

blangen

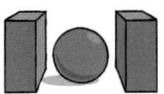

entre

twüschen

lieu

Oort